# Nicole Kräuter

# Unrasiert. Die Beinenthaarung und das weibliche Selbstverständnis

**Bibliografische Information der Deutschen Nationalbibliothek:**

Die Deutsche Nationalbibliothek verzeichnet diese Publikation in der Deutschen Nationalbibliografie; detaillierte bibliografische Daten sind im Internet über http://dnb.d-nb.de abrufbar.

**Impressum:**

Copyright © ScienceFactory 2018

Ein Imprint der Open Publishing GmbH

Druck und Bindung: Books on Demand GmbH, Norderstedt, Germany

Covergestaltung: Open Publishing GmbH

# Inhaltsverzeichnis

# 1 Einleitung

> „Hinsichtlich unserer Körper sind wir zu Unternehmerinnen und Unternehmern geworden, zu Gestaltern unseres Selbst. Am Körper leben wir unseren Schaffensdrang aus, über Körperlichkeit verleihen wir unserer Persönlichkeit Ausdruck. Menschen managen nicht nur ihr Leben, sie managen auch ihren Körper" (Posch (PK), S.11)

Der Körper ist nicht nur das wichtigste Handlungsinstrument des Menschen, sondern in der heutigen Zeit auch zur Visitenkarte eines jeden Individuums geworden. Aus diesem Grund wird er gepflegt, geformt und verschönert. Wie man das am besten macht, verraten die vielen Zeitschriften, in denen man über Diäten, Schönheitstipps und Modetrends lesen kann. Neben den vielen Printmedien wird er auch im Fernsehen thematisiert: Werbungen für Fitnessprogramme, Hautcremes oder Rasierapparate, an körperorientieren Medieninhalten kommt man nicht vorbei. Abgesehen von Produkten werden allerdings auch Lebenseinstellungen – durch den Transport bestimmter Botschaften in den Werbungen – vermarktet.

Jedoch ist der Körper nicht nur Thema in den Medien, sondern auch im Büro, zu Hause oder im Supermarkt, sprich im realen Leben. Er ist ständiger Begleiter eines jeden Menschen, wird von innen oder von außen wahrgenommen. So wie der Körper für andere Menschen sichtbar wird, entsteht ein erster Eindruck. Dabei wird der Körper aber nicht nur als Gegenstand bewertet, sondern auch als Person. Aus diesem Grund nimmt man manche Menschen als sympathisch, andere hingegen als unsympathisch wahr.

Daher vertritt eine Vielzahl von Autoren die Meinung, dass das Aussehen eines Menschen, oder seines Körpers, nicht nur für ihn selbst, sondern auch in den Augen anderer identitätsstiftend wirkt.

Besonders der weibliche Körper unterliegt – an Schönheit orientierten – gesellschaftlichen Normen. So hat sich in etwa die Beinrasur zur exklusiv weiblichen Aufgabe entwickelt. Frauen, die die Haare an den Beinen nicht entfernen, sind in der heutigen Zeit zu einer Seltenheit geworden. Allerdings ist sich kaum eine Frau der tiefergehenden Gründe dafür bewusst. Die Enthaarung ist ein selbstverständlicher Teil des Alltagslebens der Frau geworden. Die komplexen, im Hintergrund ablaufenden Prozesse der – so simpel und beinahe unwichtig und nebensächlich wirkenden – Prozedur der Beinenthaarung bleiben dabei weitgehend unhinterfragt.

Aus diesem Grund befasst sich die folgende Arbeit mit dem weiblichen Körper und der über Körperlichkeit hergestellten Identität am Beispiel der Beinenthaarung. Im Mittelpunkt sollen daher die Fragen stehen, ob es eine über den Körper hergestellte

Identität gibt und welche Auswirkungen Körperbehaarung, insbesondere Beinbehaarung und deren Entfernung, auf die weibliche Identität hat oder haben kann. Der geographische Fokus wird dabei vor allem auf Amerika und Europa liegen, um das Feld der Arbeit entsprechend einzugrenzen.

Zunächst werden dafür die Theorien zur Identitätsbildung von George Herbert Mead und Helmuth Plessner, sowie deren Bezug zur Körperlichkeit dargestellt, anhand derer eine Verbindung zwischen Identität und Körper hergestellt werden soll.

Des Weiteren soll im Verlauf erarbeitet werden, was Schönheit und Schönheitshandeln mit Identitätsentwicklung zu tun haben. Dafür werden besonders Waltraud Posch und Nina Degele, sowie weitere Autoren und Autorinnen herangezogen, um dann eine Definition von Weiblichkeit im Bezug auf Schönheitsnormen zu erarbeiten.

Um den Fokus auf die Beinenthaarung zu legen, wird anhand von Christine Hope die Geschichte der Körperenthaarung dargestellt, um im weiteren Verlauf auf die symbolische Bedeutung der Körperbehaarung einzugehen. Zur Veranschaulichung soll des Weiteren die Werbung eines Markenrasierers herangezogen werden, um zu zeigen, dass eine Rasur mehr bedeutet, als nur eine glatte Haut.

Ziel der Arbeit ist es, einen konkreten Bezug zwischen der Enthaarung der Beine und weiblicher Identität herzustellen.

## 2 Was ist Identität?

> „Identität ist – dem Ideal nach – als vollständige Kongruenz des Menschen mit sich
> selber, seiner Umgebung und seinem gelebten Leben zu verstehen; anders ausge-
> drückt, als Übereinstimmung von Anlagen/Charakter/Interessen/Bedürfnissen/Fä-
> higkeiten/Fertigkeiten/ Lebenszielen/Gewissen und psychischer Verfassung eines
> Menschen sowie als Übereinstimmung dieser Aspekte mit den Lebensumständen und
> der Wahrnehmung/ Einschätzung/Anerkennung durch die Menschen aus der eigenen
> Umgebung" (Platta; S.67).

Identität umfasst, wie in diesem Zitat erkennbar wird, ein breites Spektrum des menschlichen Daseins. Allerdings wird dem Körper hier keine Relevanz für die Identität zugesprochen.

Um zu prüfen, welche Bedeutung der Körper für die Identität hat, soll im Folgenden die Identitätsentwicklung genauer betrachtet werden.

### 2.1 Identität nach Mead

In seinem Werk „Geist, Identität und Gesellschaft" beschreibt der Sozialpsychologe und Philosoph George Herbert Mead den Prozess der Identitätsbildung. Dabei geht er davon aus, Identität sei einzig und allein ein gesellschaftliches Phänomen.

In dem von ihm entwickelten Identitätskonzept wird der Mensch als soziales We-sen betrachtet, welches grundliegend sozial determiniert ist. Somit ist eine auto-nome Entwicklung abseits sozialer Prozesse für Mead ausgeschlossen (Vgl. Stock-meyer, S.46-47).

Voraussetzung für die Identitätsentwicklung ist der Theorie nach die reflexive Fä-higkeit, sich selbst zum Objekt zu machen, was so viel bedeutet, wie sich zu sich selbst wie zu einer anderen Person zu verhalten. Die klassische Identitätsfrage „Wer bin ich?" wird daher nicht allein vom Individuum beantwortet, sondern kon-zipiert sich durch soziales Handeln und der Interaktion mit anderen Menschen, so-wie deren Reaktionen auf die eigenen Handlungen. Der Prozess der Herausbildung der Identität bzw. des Selbst streckt sich dabei über die gesamten Sozialisations-phasen hinweg, bis zur Vollendung der Adoleszenz. Erst dann kann, so Mead, von einer relativ stabilen Identität gesprochen werden. Allerdings ist die Identitätsbil-dung nie völlig abgeschlossen. Vielmehr ist sie ein das gesamte Leben andauernder Prozess.

Die Verinnerlichung der Haltung anderer vollzieht sich nach Mead durch das soge-nannte ‚Role taking', welches sich schon in den frühen Sozialisationsphasen erkennen lässt. Dabei unterscheidet Mead zwischen zwei Entwicklungsphasen: ‚play‘ und ‚game‘.

In der ersten Entwicklungsphase – die ‚play‘ Phase – imitiert ein Kind spielerisch die einzelnen Rollen wichtiger Bezugspersonen, wie in etwa die Rolle der Mutter. Somit wechselt das Kind von der eigenen Rolle zu der eines, wie es Mead bezeichnet, signifikanten Anderen. Dabei spielt es die Beziehung des signifikanten Anderen zu sich selbst, sowie dessen Erwartungen durch. Durch dieses ‚Spiel‘ entwickelt das Kind zum einen ein Gefühl dafür, sich in andere hinein zu versetzten und sich mit ihnen zu identifizieren, darüber hinaus entsteht ein Verständnis über sich selbst.

In der zweiten Phase, welche Mead ‚game‘ nennt, übernimmt das Kind nicht mehr nur eine Rolle, sondern muss mehrere Rollen gleichzeitig übernehmen. Ein weiterer Unterschied zum ‚play‘ ist, dass das Kind nicht mehr nach den eigenen Regeln spielen kann, sondern den in der Gruppe abgemachten Regeln unterliegt. Es muss die Folgen des eigenen Handelns für die Gruppe mit bedenken, sich also selbst wie durch die Augen der anderen Spieler wahrnehmen und deren Erwartungen internalisieren können. Diese Gruppe von Spielern, dessen Rollen das Kind in dieser Entwicklungsstufe übernimmt, bezeichnet Mead als ‚generalisierten Anderen‘. Durch die Aneignung des generalisierten Anderen werden nach und nach die Regeln und Normen der Gesellschaft verinnerlicht. Das organisierte Regelspiel ist dabei als Paradigma für das soziale Leben zu sehen. In den darauf folgenden Sozialisationsphasen gilt der generalisierte Andere dann als Repräsentant der Summe der generellen Erwartungen, sowie die in bestimmten Situationen oder Rollen relevanten Normen und Werte der Gesellschaft im Individuum.

Um die Individualität einzelner Personen zu erklären, entwickelt Mead das Konzept von „I“ und „me“, wobei das „I“ den individuellen und das „me“ den gesellschaftlichen Teil des Selbst (mit Selbst meint Mead Identität) darstellt.

Das „I“ stellt den individuellen Teil des Selbst dar, welcher durch Spontanität und Kreativität gekennzeichnet ist. Außerdem ist das „I“ vorsozial und unbewusst, weshalb in ihm sinnliche und körperliche Bedürfnisse spontan zum Ausdruck kommen. Es repräsentiert die Reaktionen des Individuums auf die Haltung anderer. Jedoch tritt das „I“ „[...] nicht in das Rampenlicht; wir sprechen zu uns selbst, aber wir sehen uns nicht selbst.“ (Mead, Geist Identität und Gesellschaft, S.217)

Unter „me“ versteht Mead daher den Teil des Selbst, welcher aus den Kenntnissen, die ein Subjekt über sich selbst im Prozess der Rollenübernahme erworben hat, resultiert. Es enthält also die verinnerlichten Haltungen anderer gegenüber dem Individuum. Im „me" kommt außerdem die Kontrolle des generalisierten Anderen in Form von Selbst- und sozialer Kontrolle zum Ausdruck. (Vgl. Stockmeyer, S.50)

Aus internalisierten Haltungen anderer und deren Übernahme, resultiert eine Identität, auf welche das „I" reagiert. Aus diesem Grund ist die Struktur der Identität gesellschaftlich vorgegeben:

> „Die Haltung der anderen bilden das organisierte „me" und man reagiert darauf als ein „I". ... Und nur dank der Fähigkeit des Einzelnen, diese Haltungen der anderen einzunehmen, [...] wird er sich seiner Identität bewußt. Die Übernahme aller dieser organisierten Haltungen gibt ihm sein „me", d.h. die Identität, deren er sich bewußt wird."
> (Schmidt S.23)

Somit entsteht die Identität aus der Wechselwirkung der beiden Instanzen. Um allerdings von einer gelingenden Identität sprechen zu können, muss eine Balance zwischen dem „I" und den im Laufe der Entwicklung immer neu auftauchenden „mes" hergestellt werden, wodurch auch ein einheitliches Selbstbild generiert wird.

> „Man entwickelt insofern eine Identität, als man die Haltung anderer einnehmen und sich selbst gegenüber so wie gegenüber anderen handeln kann." (Mead, Geist Identität und Gesellschaft, S.214)

Die zentrale Annahme der Mead'schen Identitätstheorie ist folglich, dass Identität durch Selbstobjektivierung entsteht. Neben der Übernahme der Rolle von signifikanten anderen spielt auch das Symbolsystem der Gesten und Sprache eine fundamentale Rolle für die Identitätsentwicklung.

Das Selbst entwickelt sich so in einem kommunikativen Prozess, welcher zunächst non-vokale Gesten enthält, die jedoch im Laufe der Sozialisation zunehmend durch vokale Gesten ersetzt werden. Für die Identitätsentwicklung ist vor allem die vokale Geste von Bedeutung, die zur signifikanten Geste wird. Dies ist dann der Fall

> „[...] wenn sie auf das ausführende Individuum die gleiche Wirkung ausübt wie auf das Individuum, an das sie gerichtet ist oder das ausdrücklich auf sie reagiert, und somit einen Hinweis auf die Identität des Individuums enthält, das die Geste ausführt."
> (Mead, Geist Identität und Gesellschaft, S.85)

Daraus lässt sich schließen, dass durch die Sprache die Selbstobjektivierung des Individuums ermöglicht wird, da erst durch den Perspektivwechsel bzw. die Rollenübernahme welche vor allem sprachlich artikuliert wird, eine objektive Sicht auf das Selbst und damit die Betrachtung des eigenen Ich aus der Objektperspektive ermöglicht wird.

### 2.1.1 Der Körper bei Mead

Der Körper spielt in Meads Konzept eine eher untergeordnete Rolle. Zwar wird er wiederholt erwähnt, jedoch wird ihm keine essentielle Bedeutung für die Entwicklung der Identität zugesprochen. Die Begründung hierfür liegt in der scharfen Trennung zwischen dem Organismus – wie Mead den Körper bezeichnet – und der Identität. Diese Trennung erklärt er dadurch, dass das Selbst – also die Identität – reflexiv ist. Das Selbst ist wie Mead es formuliert „[...] an object to itself" (Gugutzer, S.36). Weiterhin begründet Mead die Trennung zwischen Körper und Identität durch seinen Bewusstseinsbegriff, da das Selbst-Bewusstsein die Fähigkeiten des Denkens und der Reflexion beinhaltet; das Körper-Bewusstsein, worunter Körper-Erfahrungen und Körper-Empfindungen zu verstehen sind, impliziert diese Fähigkeiten nicht. Damit ist gemeint

> „[...] dass es sinnliche emotionale Erfahrungen geben könne, die keinen Einfluss auf das Selbst haben bzw. in keinem Zusammenhang mit ihm stehen" (Gugutzer, S.36).

Darüber hinaus ist Mead sogar der Ansicht, der Verlust eines Körperteils sei für die Identität nicht von großer Bedeutung:

> „Die Körperteile sind von der Identität deutlich unterscheidbar. Wir können Teile des Körpers verlieren, ohne daß ein ernstlicher Eingriff in die Identität erfolgt" (Mead, Geist Identität und Gesellschaft, S.178).

Erst, wenn sich ein Selbst entwickelt und damit auch leibliche Erfahrungen und Empfindungen mit diesem Selbst verknüpft werden können, kann das Individuum seinen Körper ‚erfahren'. Bis zu diesem Zeitpunkt erfährt das Individuum seinen Körper lediglich als Teil seiner Umwelt, als nicht zu ihm gehörig und nicht in Zusammenhang mit seinem Selbst-Bewusstsein (Vgl. Mead, Geist Identität und Gesellschaft, S.215).

## 2.2 Identität nach Plessner

Hinsichtlich der Einbeziehung des Körpers in die Identitätsdebatte liefert Mead durch die Konstruktion von „I" und „Me" zwar die strukturelle Sichtbarmachung von Selbstbewertung und Fremderwartung, jedoch werden diese Bewertungsmöglichkeiten zwischen Innen und Außen nicht mit dem Körper in Verbindung gebracht, da der Körper für ihn nicht als identitätsrelevant gilt (Vgl. Schmidt, S.37).

Daher fehlt seiner Theorie das entscheidende Moment, um den Körper als identitätsstiftendes Konstrukt zu erkennen. Deshalb soll die Mead'sche Theorie im Folgenden durch Helmuth Plessner's philosophische Anthropologie ergänzt werden.

Auch Plessner entwickelt ein Selbstmodell, mit dem Unterschied, dass dieses nicht ausschließlich auf der Fähigkeit beruht symbolisch zu interagieren. Sein Modell wird viel mehr durch die Identitätsstiftende Funktion des leiblich-körperlichen Daseins begründet. Es ist daher im körperleiblichen Vermögen, sich selbst körperlich zu objektivieren, gegeben (Vgl. Schmidt, S.38). Dennoch gehört auch in Plessner's Theorie die Reflexivität zu den wichtigsten Bedingungen für die Genese von Identität. Diese Reflexivität begründet er mit der Positionalität des Menschen, welche die reziproke Beziehung zwischen lebendigen Organismen und ihrem Umfeld beschreibt.

Der Mensch steht in dieser Theorie in einer exzentrischen Beziehung zu seiner Umwelt und unterscheidet sich so von Pflanzen – deren Positionalität Plessner als offen beschreibt – und von Tieren – welche eine zentrisch geschlossene Beziehung zu ihrer Umwelt haben. Exzentrisch meint hier, sich selbst zu erleben und zur eigenen Person in Distanz treten zu können – also sich selbst zum Objekt zu machen – was einzig dem Menschen vorbehalten ist.

Wie Plessner in seinem Werk „Die Stufen des Organischen und der Mensch" ausführt, stellt die Herstellung einer Identität für den Einzelnen eine anthropologische Notwendigkeit dar:

> „Als exzentrisch organisiertes Wesen muss er [der Mensch, R.G.] sich zu dem, was er schon ist, erst machen. [...] Der Mensch lebt nur, indem er ein Leben führt" (Gugutzer, S.68).

Er hat also die Aufgabe sich selbst und damit seinen Körper zu kultivieren, um er selbst zu werden. Um diese Aufgabe zu lösen, benötigt der Mensch die von ihm geformte äußere Natur: die Kultur, welche von Plessner auch als zweite Natur des Menschen bezeichnet wird. Daraus geht hervor, dass sich der Prozess des Selbstwerdens und die Kultur gegenseitig bedingen und miteinander einhergehen.

Ein Beleg dafür ist, dass jeder Mensch in eine Welt hinein wächst, die schon von anderen Menschen bewohnt ist.[1] Die Wahrnehmung anderer Menschen stellt

---

[1]  Diese intersubjektive Welt, die bereits von Mitmenschen bewohnt ist, bezeichnet Plessner als Mitwelt.

daher die erste Begegnung mit einer Kultur dar. Der Mensch nimmt dabei anderes und andere wahr und in sich auf. Erst dadurch ist er in der Lage sich selbst zu objektivieren. An dieser Stelle kann man auf die Theorie Mead's rückschließen:

> „Die Konsequenz, die sich aus der existenziellen Vorgegebenheit [...] von signifikanten und generalisierten Anderen für den Menschen ergibt, ist, dass er sich nur vermittelt durch diese anderen selbst erfassen kann" (Gugutzer, S.70).

Es ist daher festzuhalten, dass sowohl Mead, als auch Plessner die Gesellschaft und das Individuum als äquivalente Teile der Identität auffassen.

### 2.2.1 Leib Sein und Körper Haben

> „Ein Mensch ist immer zugleich Leib – und hat diesen Leib als diesen Körper. Die Möglichkeit, für die physische Existenz derart verschiedene verbale Wendungen zu gebrauchen, wurzelt in dem doppeldeutigen Charakter dieser Existenz selbst" (Schmidt, S.43).

Der Leib ist somit subjektiver Besitz jedes Einzelnen. Als Körper unter anderen Körpern hingegen ist er ein soziales Objekt. Plessner unterscheidet also zwischen zwei Kategorien: Leib-Sein und Körper-Haben.

Die Kategorie des Leib-Seins beinhaltet die Dimension des Erlebens und des Empfindens.

> „(...) [Er] wird durchlebt, lustvoll, schmerzhaft, satt behaglich" (Schmidt, S.44).

Körper-Haben wiederum bedeutet, sich selbst zum Objekt zu machen, sich zu reflektieren. Um eine Identität, also das Selbst hervorzubringen, müssen diese beiden Kategorien in einem balancierten Verhältnis zueinander stehen.[2]

Das Leib-Sein geht dem Körper-Haben dabei ontogenetisch voraus, was durch die Notwendigkeit der Selbstwahrnehmung begründet wird, ohne die sich keine personale Identität bilden kann.

Ein für diese Arbeit grundlegendes Argument liefert Plessner mit der These, dass der Körper instrumentell und/oder expressiv eingesetzt werden kann, um

---

[2] Es ist anzumerken, dass die beiden Kategorien (Leib-Sein und Körper-Haben) lediglich als Konstruktion zu sehen sind, um die Beziehung zwischen Identität und Körper zu veranschaulichen.

Handlungsziele zu erreichen. Damit geht einher, dass der Körper zum sozialen Objekt der Betrachtung und Bewertungen anderer und dem Individuum selbst wird.

> „Im ‚Körper-Haben' wird der ‚Leib' verfügbar und zugleich die Instrumentalität des eigenen Leibes bewusst. Ich erlebe meinen Körper als sozial manipulierbar ‚als Umkleidung oder mich in ihm als Futteral'" (Schmidt, S.44).

Damit zeigt Plessner die Untrennbarkeit von Subjekt- und Objektseite, da sie nur in ihrer wechselseitigen Beziehung existieren können, was wiederum auf den Körper als Medium für die Identität verweist.

# 3 Die Beziehung zwischen Körper und Identität

Ist es also möglich, von einer über den Körper erfahrenen Identität zu sprechen?

Wie anhand Plessners Theorie gezeigt wurde, kann die Beziehung zwischen Identität und Körper sowohl sozialer, als auch personaler Natur sein. Unterschiedliche Gesellschaften oder Kulturen produzieren und reproduzieren voneinander abweichende Visionen von z.B. schönen Körpern. Dabei ist der Körper gleichzeitig ein Produkt gesellschaftlicher Normierungen und Techniken, zugleich aber auch deren Fundament (Vgl. Schmidt, S.45).

Ein wichtiger Aspekt der über Körperlichkeiten hergestellten Identität ist die Sichtbarkeit des Körpers. Denn wie gezeigt wurde, hat man nicht nur einen Körper, man ist auch dieser Körper. Das bedeutet, ein Auftreten ohne diesen ist nicht möglich[3], denn der Mensch ist an seinen Körper gebunden. Wenn er erscheint, erscheint sein Körper mit ihm.

> „Ich kann den Körper durch Anwendungen verschiedener Techniken verändern, schmücken oder be- oder sogar verkleiden, aber ich kann ihn in der Wirklichkeit nicht verschwinden lassen" (Schmidt, S. 47).

Gerade durch diese unvermeidliche Erscheinung des Körpers bei jedem Auftreten und damit der Sichtbarwerdung für andere, ist er dazu geeignet beurteilt zu werden, womit auch Zuschreibungen einhergehen:

> „Über den Anblick des Körpers konkretisiert sich das Individuum in den Augen des anderen als Person. Deshalb wird der Körper primäre Zielscheibe sozialer Zuschreibungen und Kristallationsfläche für personale Identität. Über die Wahrnehmung des Körpers werden soziale Zuschreibungen und körperliche Präsentationsformen, Körper und Leiberfahrung permanent rückgekoppelt und zu einem Bild der Person verdichtet" (Koppetsch, S.10).

In anderen Worten ist der Körper damit ein Medium der Präsentation von Identität.

Allerdings ist der Körper nicht nur für andere sichtbar, sondern –dank der Erfindung von in etwa Großflächenspiegeln und Fotografie – auch für das Individuum selbst. Damit wird auch der eigene Körper zum sichtbaren Objekt. Daraus

---

3    In der heutigen, von Technik geprägten Zeit ist es zwar möglich anderweitig in Kontakt zu treten, aber ich beschränke mich hier auf die ‚face to face' Interaktionen.

resultiert, dass nicht nur die Präsenz des Körpers für die Identität relevant ist, sondern auch das Bild, bzw. die Vorstellung, die das Individuum vom eigenen Körper hat.

So hält Günther Schmidt in seiner Veröffentlichung „Identität und Body-Image" passend fest, wie Identität auf verschiedene Weise in Beziehung zum Körper treten kann: als Zusammentreffen von Identität und dem leiblichen Spüren (Leib-Sein), als eine instrumentelle Beziehung zwischen Identität und Körper (Körper-Haben), als körperorientierte Präsentation der Identität und als Objekt der Identifikation, von welchem auf die Identität rückgeschlossen werden kann (Vgl. Schmidt, S.51).

Durch diese Sichtbarkeit des Körpers entwickelt sich schließlich das Körperbild, welches die Vorstellungen, Überzeugungen und Haltungen zum eigenen Körper, also die mentale Einstellung, beinhaltet. Das Körperbild kann sich dabei nicht grundlegend vom eigentlichen physischen Organismus unterscheiden, da es das subjektive Erleben und Bewerten des eigenen Körpers repräsentiert.

Aufgrund des Bewusstwerdens des von außen beobachtbaren Körpers, etabliert sich nun auch die Perspektive der anderen Menschen, wie es schon bei Mead durch den generalisierten Anderen dargestellt wurde, auf der Ebene der körperlichen Existenz.

> „Im Rollenspiel – hier im Sinne des ‚Play-Stadiums' – bezieht sich die Identität auf körperliche Aspekte, die sich in den Reaktionen der anderen beobachten lassen. Es entstehen sozial bewertete Körperbilder, die in unterschiedlichen Situationen und Rollendarstellungen gewonnen und in die Identitätskonzepte eingewoben wurden" (Schmidt, S.52).

Leibliche Empfindung (Innen) und körperliche Wahrnehmung (Außen) müssen dabei nicht grundsätzlich übereinstimmen, sondern werden durch einen Anpassungsprozess mit der Identität verbunden, wobei die eigenen Entwürfe von Körperbildern mit den sozialen Angeboten von Körperbildern aufeinander abgestimmt werden (Vgl. Schmidt, S.52). So kann man beispielsweise eine eigene Vorstellung davon haben, was ein schöner Körper ist, gleichzeitig gibt es aber auch die Vorstellung des generalisierten Anderen (der Gesellschaft), die von der individuellen abweichen kann.

Damit lässt sich festhalten: eine erfolgreiche körperbezogene Identitätsrepräsentation hängt nicht nur vom Individuum, sondern auch zu einem großen Teil von der normativen Einschätzung durch andere ab (Vgl. Schmidt, S.72).

# 4 Was ist eigentlich „Schön"?

Auch Waltraud Posch ist sich der Relevanz des Körpers hinsichtlich der Identitätsbildung bewusst. In ihrem Werk „Projekt Körper" schreibt sie:

> „Körperlichkeit ist ein wichtiger Teil menschlicher Identität. Der Umgang mit Schönheitsstandards spielt daher eine zentrale Rolle körperlicher Identität [...]. [...] Ein Leib zu sein und einen Körper zu haben, bringt auch mit sich, dass Körperlichkeit Identität schafft, ausdrückt, zu geben und zu bewahren vermag" (Posch; 2009, S.37).

Dabei spielt vor allem das Schönheitshandeln, also die bewusste Manipulation des Körpers, eine entscheidende Rolle. Durch moderne Technologien der Körpergestaltung, die die bewusste Herstellung von Schönheit ermöglichen, wird der Körper nicht mehr als unveränderliches Schicksal gesehen, sondern viel mehr als Leinwand, die aktiv gestaltet werden kann. Die Frage lautet also nicht mehr nur „Wer bin ich?" sondern auch „Wer will ich sein?". Der Körper wird dadurch Ausdrucksmedium von Persönlichkeit, Individualität und Kreativität.

Was genau schön zu sein bedeutet ist nicht leicht zu sagen. Um den Begriff ‚Schönheit' näher einzugrenzen werden daher im Folgenden verschiedene Definitionen herangezogen.

> „Das Schöne sei das, was ohne Begriffe allgemein gefällt." (Kant, S.134).

In dieser Definition ist der generalisierte Andere (also die Allgemeinheit) gegeben, jedoch sagt sie nichts darüber aus, wie und ob das Schöne erreicht werden kann. Andere Definitionen von Schönheit beinhalten daher den Aspekt, dass Schönheit etwas überdurchschnittliches, besonderes, herausragendes, nicht für jeden Menschen erreichbares ist (Vgl. Posch; 2009, S. 20).

Aber was genau die Schönheit ausmacht (im Sinne von körperlichen Attributen oder Eigenschaften) ist nur schwer definierbar. Allerdings wird Schönheit nur aufgrund ihres Gegenstücks – der Hässlichkeit – sichtbar, da die beiden Begriffe nur im Zusammenhang verstanden werden können. Um zu wissen was ‚schön' ist, muss man auch wissen was ‚nicht-schön' ist.

Schönheit ist allerdings kein gleichbleibender Begriff. Er kann sich im Laufe der Geschichte immer wieder wandeln und neu bilden, wie man zum Beispiel anhand der sich verändernden als ‚schön' definierten Körpermaße von Frauen erkennen kann, die sich über die Jahrhunderte zwischen extremer Fettleibigkeit und extremer Schlankheit bewegen (Vgl. Schmidt, S.80).

Ganz allgemein beschreibt Posch Schönheit als alltägliche Herausforderung:

> „Sie findet Ausdruck in Mode, Frisuren und Kosmetik, aber auch in grundlegenden Körpermerkmalen wie Gewicht, Größe, Körperbau, Gesichtszügen, Haut und Haaren" (Posch; 2009, S.21).

Daraus schließt sie, dass Schönheit in der heutigen Zeit als Leistung angesehen wird, da man sich gewissermaßen quält um sie zu erreichen und dann auch zu erhalten. Beispiele dafür sind in etwa ständige Diäten, tägliche kosmetische Anwendungen und im Extremfall sogar Schönheitsoperationen.

## 4.1 Schönheitshandeln und Schönheitsideale

Jeder Mensch wird mit einem Körper geboren, seinem Körper. Jedoch ist es in der heutigen Zeit nicht mehr zwangsläufig notwendig, sich mit diesem zufrieden zu geben. Durch verschiedenste Techniken ist man in der Lage den Körper zu verändern, zu verschönern, zu manipulieren. Sich also darzustellen, wie man gesehen werden will.

Nina Degele hält dazu in ihrem Buch „Sich schön machen" passend fest:

> „Schönheitshandeln bedeutet, sich sozial zu positionieren. [...] Schönheitshandeln [...] ist ein Medium der Kommunikation und dient der Inszenierung der eigenen Außenwirkung zum Zweck der Erlangung von Aufmerksamkeit und Sicherung der eigenen Identität. Schönheitshandeln ist ein sozialer Prozess [...]" (Degele, S.10).

Sozial ist diese Positionierung deshalb, weil sich das Individuum durch seine Handlungen – in diesem Fall das Schönheitshandeln – mit seiner Umwelt und damit auch den vorherrschenden gesellschaftlichen Normen und Schönheitsstandards auseinander setzt, um Werte wie Individualität, Authentizität und Autonomie zu präsentieren. Dies funktioniert allerdings nur durch den Blick der anderen (generalisierter Anderer).

Schönheitshandeln ist daher eine bewusste Gestaltung und Inszenierung des eigenen Körpers. Außerdem ist Degele zufolge das Schönheitshandeln – entgegen der Meinung vieler – keine private Angelegenheit,

> „[d]enn der Effekt dieses Tuns, die äußere Erscheinung, wird registriert, kommentiert, an sie wird kommunikativ angeschlossen. Schönheitshandeln verlangt nach dem Blick der anderen und ist ein Akt der Kommunikation [...]" (Degele, S.17).

Für die Autorin definiert sich Schönheit über massenmedial produzierte und im Alltag relevante Auffassungen davon, was Schönheit als hegemoniale Norm im medial-öffentlichen Diskurs in Abgrenzung zum Nicht-Schönen oder Hässlichen ist oder sein soll (Vgl. Degele, S.11).

Da die Erfüllung sozialer Normen und Schönheitsstandards oft eine große Rolle spielt – wenn auch nicht bewusst – steht nicht die Ästhetik im Vordergrund der Schönheitshandlung, sondern vielmehr das Gelingen oder Misslingen und die damit einhergehende Anerkennung.[4]

Als eine Folge der Bewertung des Körpers durch die breite Masse anhand derselben Kriterien entstehen dann Schönheitsideale. Beispielsweise empfindet die Mehrheit – in der heutigen Zeit – einen schlankeren Körper normativ gesehen schöner, als einen dickeren. Allerdings sind Schönheitsstandards keine zwanghaft stabilen und andauernden Konstrukte, was man durch den Blick in andere Kulturen feststellen kann, in denen z.B. ein dickerer Körper nicht verpönt, sondern ein Zeichen für Wohlstand ist. Des Weiteren können sich Schönheitsideale auch im Laufe der Zeit stark verändern, so schwankte auch im heutigen Europa der als schön empfundene weibliche Körper von fettleibig zu mager, vom einen Extrem zum anderen (Vgl. Schmidt, S.79-80).

Das Schönheitsideal enthält allerdings nicht nur soziale Standards von Schönheit, sondern bezieht sich zusätzlich auch immer auf die subjektiven Schönheitsvorstellungen. In ihm vereinigen sich sowohl Aspekte des social-image als auch des personal-image (Vgl. Schmidt, S.81). Da die subjektiven Vorstellungen von Schönheit aber nicht immer deckungsgleich mit den gesellschaftlichen Standards sind, muss sich das Individuum immer wieder neu ausrichten, um eine Balance zwischen den beiden herzustellen, und damit eine gelungene Identität aufrecht zu erhalten.

Wie schon Mead erkannt hat, ist vor allem die Adoleszenz eine wichtige Phase für die Entwicklung einer stabilen Identität. Medien spielen im Sozialisationsprozess von jungen –aber auch bei älteren – Menschen eine entscheidende Rolle: sie sind „Sozialisationsagenten" (Posch; 2009, S. 177).

---

[4]  Da der Begriff der sozialen Norm vielseitig interpretiert werden kann, als Verhaltensgleichförmigkeit, Verhaltensforderung und Verhaltensbewertung (Vgl. Schmidt, S.81), ist es wichtig an dieser Stelle darauf zu verweisen, dass im Folgenden vor allem von der sozialen Norm als Verhaltensbewertung und -forderung gesprochen wird.

## 4.2 Die Verbreitung von Schönheitsidealen

Ob im Film und Fernsehen, der Werbung oder Zeitschriften, überall wird uns präsentiert, was es bedeutet, einen schönen Körper zu haben. Zumeist sind in den Medien vor allem die als schön geltenden Menschen überrepräsentiert, wohingegen der Durchschnitt[5] unterrepräsentiert bleibt.

Besonders aus dem Grund, dass uns Medien oftmals eine perfekte Wirklichkeit vorspielen, haben sie die Kraft, unsere Alltagswelt zu beeinflussen (Vgl. Posch; 1999, S.101).

Vor allem die Werbung trägt zur Verbreitung gesellschaftlicher Trends, Klischees und Stereotypen bei. Sie berieselt uns ständig und überall. Vorbilder, die in der Werbung geschaffen werden, beeinflussen dadurch auch bestimmte Verhaltens- und Denkweisen. Daher ist besonders die Werbung eine gesellschaftsrelevante Kraft, die deshalb auch für die Identitätsbildung von großer Bedeutung ist (Vgl. Posch; 1999, S.108).

Gerade für junge Menschen stellen die Medien ein Instrument der Identitätsfindung dar. So identifizieren sie sich mit den Akteuren aus der Werbung oder aus Filmen und nehmen die dabei transportierten Botschaften in sich auf. Botschaften wie in etwa das gängige Schönheitsideal.

> „Das Schöne wird [dabei] zur Projektion von Wunschvorstellungen, die sich in der Identifikation mit den medial inszenierten Schönheitsvorstellungen objektivieren. Statt sich mit dem eigenen Körper oder der Legitimität der Schönheitsstandards auseinanderzusetzten, flieht man in die Bildwelten idealisierter Körper und trifft nicht den Körper selbst und schon gar nicht den eigenen" (Schmidt, S.85).

Auch in der psychoanalytischen Medientheorie wird davon ausgegangen, dass in Medien allgemein gesellschaftliche Vorstellungen und Fantasien transportiert werden. Medien sind daher in hohem Maße funktional. Sie tragen zur Stabilisierung der kulturellen Identität bei und garantieren damit den Zusammenhalt (Vgl. Luca, S.37).

Da Schönheitsideale in den meisten Fällen sehr subtil auf Individuen einwirken, werden sie in der Regel nicht als etwas Unerreichbares wahrgenommen, sondern

---

[5]  Unter Durschnitt sind hier die Menschen gemeint, die nicht für ihr Aussehen bezahlt werden, wie in etwa die vielen Filmstars oder Models, die wir täglich zu sehen bekommen und damit nicht zwangsläufig dem gesellschaftlichen Schönheitsideal entsprechen.

als Normalität. Umso mehr sich ein Schönheitsideal verbreitet, desto normaler wirkt es. Zusätzlich ist man durch die dauernde Präsenz der Schönheitsideale gewissermaßen dazu gezwungen sich mit ihnen auseinander zu setzten, auch wenn dies nicht zwangsläufig bewusst geschieht (Vgl. Posch; 2009, S.171).

## 4.3 Warum Schönheit und Schönheitsideale so wichtig sind

Das Aussehen – und damit der Körper – ist grundlegender Bestandteil zwischenmenschlicher Interaktion. Schönheitshandeln ist dabei eine Methode um sich sozial zu positionieren. Degele ist dabei der Ansicht, dass Schönheitshandeln als Medium der Kommunikation und der Inszenierung der eigenen Außenwirkung dient, um damit Aufmerksamkeit zu erlangen und die eigene Identität zu sichern. Dabei stehen Werte wie Individualität, Autonomie und Authentizität im Vordergrund (Vgl. Degele, S.10).

Laut Posch kann die zunehmende Bedeutung des Körpers als allgemeine Reaktion auf die immer unübersichtlichere moderne Gesellschaft gesehen werden. Des Weiteren macht sie den Drang nach Freiheit, Freiwilligkeit und Autonomie für die Aufwertung der körperlichen Individualität verantwortlich. Selbstbestimmtheit wird daher immer wichtiger. Auch das Schönheitshandeln wird von den meisten Individuen als selbstbestimmt wahrgenommen, allerdings ist Posch der Meinung, dass es sich dabei mehr um eine freiwillige Unterwerfung unter die herrschenden Normen handelt. Dennoch gibt das Formen und Verändern des eigenen Körpers das Gefühl, Kontrolle zu haben. Die fehlende Kontrolle – z.B. im Beruf – wird am eigenen Körper kompensiert. Dies ist jedoch ein Trugschluss, da man auch in diesem Fall gewissermaßen der Kontrolle des Schönheitsideals oder allgemeinen Vorstellungen der Gesellschaft bzw. Kultur unterliegt. Dennoch halten sich die meisten Menschen für resistent gegenüber dem Druck einem Schönheitsideal zu entsprechen und sind deshalb der Ansicht, sie handeln hinsichtlich ihrer Körper selbstbestimmt.

Des Weiteren führt Posch aus, dass Schönheitsideale – paradoxerweise – vor allem in unsicheren, instabilen Zeiten Sicherheit geben können, indem sie Verhaltensschemata und vermeintlich emotional und ökonomisch erfolgreiche Wege aufzeigen können, womit sie auch die Herstellung sozialer und emotionaler Normalität in Aussicht stellen. Der Körper fungiert dabei als Garant für Sicherheit (Vgl. Posch; 2009, S.61).

Jedoch steht im Fokus der Verschönerung nicht der schöne Körper selbst, sondern das, was mit diesem erreicht werden soll. Denn „[d]ie verkörperte Inszenierung ist ein entscheidender Teil des Eindrucks, den Menschen nach außen transportieren und kommunizieren" (Degele, S.17). So ist der Zweck der Verschönerung laut Degele die Wirkung nach außen, auf Freunde und Freundinnen, Kollegen oder Kolleginnen etc. Die damit einhergehenden Zuschreibungen und deren Bedeutung wirken dabei nach innen zur Identität, und nach außen zur Positionierung (Vgl. Posch; 2009, S.42). Interaktionspartner entnehmen einer Interaktionsszene in etwa körperbezogene Informationen wie Kleidung, Schmuck oder Frisur und versuchen diese in ein Bild vom Gegenüber einzuarbeiten. Dadurch entstehen Entwürfe einer Identität, die diesem zugeordnet wird. Die Kunst dabei liegt darin, sich (äußerlich) so darzustellen, wie man (innerlich) gesehen werden will (Vgl. Schmidt, S.135).

Des Weiteren führt Degele aus, dass in der heutigen Zeit über die Erscheinung einer Person schnell auf andere Eigenschaften oder Kompetenzen rückgeschlossen wird. Auch Cornelia Koppetsch ist dieser Meinung. Sie benennt dieses Phänomen (nach Thorndike) als ‚Halo-Effekt', „[...] wonach einer gut aussehenden Person über die Attraktivität hinausgehende soziale Vorzüge wie Intelligenz und moralische Qualitäten zugeschrieben werden" (Koppetsch, S.99). Demzufolge werden schöne Menschen aufgrund von Fähigkeiten bevorzugt, die sie unter Umständen gar nicht besitzen. Dies macht sich nicht nur im Privatleben bemerkbar, wie in etwa bei der Partnerwahl, sondern spielt auch im Berufsleben eine wichtige Rolle. Wer gut aussieht hat demnach bessere Chancen eingestellt zu werden (Vgl. Koppetsch, S.99). Denn wer für etwas wirbt oder etwas verkaufen will, muss dies auch mit seiner eigenen Erscheinung vermitteln (Vgl. Degele, S.140). Dies gilt laut Degele besonders im Dienstleistungssektor. Als Beispiele nennt Degele den Beruf der Stewardess und des Models.

Ein weiterer Faktor für die Relevanz des Schönheitshandelns ist die schnelllebige Gesellschaft.

> „Denn angesichts einer zunehmenden Zahl immer unterschiedlicherer Kontakte sowohl im öffentlichen wie auch im privaten Leben werden zwischenmenschliche Begegnungen zwangsläufig kürzer, instrumenteller, oberflächlicher" (Degele, S.151).

Was man hieraus lesen kann ist: der erste Eindruck wird immer wichtiger. Dieser allererste Eindruck wird aber zwangsweise durch das Erscheinungsbild vermittelt, welchem aufgrund von Zuschreibungen Eigenschaften zugeordnet werden.

Wie wollen Individuen bei einer Begegnung auf andere Personen wirken? Posch gibt darauf die Antwort: sie wollen selbstbestimmt und individuell wirken. Um dies zu erreichen ist es jedoch nötig eine eigene Position zu finden „[...] zwischen Anpassung und Eigenständigkeit, zwischen Normalisierung und Extravaganz, zwischen Universalisierung und Individualisierung, zwischen Unterdrückung und Befreiung, zwischen Konsumorientierung und Authentizität" (Posch; 2009, S.33). All das kann durch Verschönerungen ausgedrückt werden.

Auch Degele ist sich der Relevanz der Ausstrahlung bewusst. Sie beschreibt eine gelungene Inszenierung der (schönen) Identität mit dem ‚sich wohl fühlen'. Wohlfühlen hängt einerseits von der Reaktion anderer auf das Individuum ab, denn von anderen als schön empfunden zu werden prägt, laut Koppetsch, den Selbstwert. Andererseits hängt es auch mit Kontinuität und Authentizität zusammen. Beide beschreibt Degele als Mechanismen der Sicherung der eigenen Identität. Kontinuität bezieht sich dabei darauf, einem Bild von sich treu zu bleiben. Die Authentizität kommt dann ins Spiel, wenn Kontinuität bedeutet, zwischen dem Auftreten im öffentlichen sowie im privaten Umfeld keine Brüche entstehen zu lassen (Vgl. Degele, S.93). Dabei stellt, so Degele, das Schönheitshandeln die Brücke zwischen individuellem Selbstbild und den äußeren Zwängen bzw. Erwartungen her.

Zuletzt ist Schönheitshandeln auch deshalb wichtig, weil es Menschen mit auffälligen Körpermerkmalen die Möglichkeit gibt, in der Masse unterzutauchen. Körpermanipulation bedeutet dann Normalisierung (Vgl. Posch; 2009, S.44).

So kann zusammengefasst gesagt werden, dass Schönheit und das damit verbundene Schönheitshandeln so wichtig sind, weil darüber nicht nur persönliche Zuschreibungen, sondern auch professionelle (berufliche) Zuschreibungen getätigt werden. Damit verbunden wollen Individuen anderen Menschen – oder wichtigen Bezugspersonen – gefallen, und versuchen daher ihren Erwartungen, die sich meist mit den gängigen Schönheitsidealen und Vorstellungen decken, zu entsprechen. Entsprechen sie diesen Erwartungen nach außen, als Positionierung, und nach innen, als Identität, strahlen die Individuen dieses auch als Wohlbefinden und damit verbunden als Authentizität aus. Des Weiteren kann Schönheitshandeln für das Gefühl von Kontrolle und Sicherheit sorgen, sowie Normalität herstellen.

# 5 Schönheit und Weiblichkeit

Anne-Christin Stockmeyer verweist in ihrem Werk „Identität und Körper in der (post) modernen Gesellschaft" anhand historischer Analysen von Thomas Laqueur und Barbara Duden darauf, dass sowohl Wahrnehmung als auch Betonung von Geschlechterdifferenzen auf das 18. Jahrhundert zurückzuführen sind. Dies geschieht, so Stockmeyer, in Verbindung mit weitreichenden gesellschaftlichen Veränderungen. Dabei dient die Differenzierung der Geschlechter der biologischen Begründung von den sich unterscheidenden sozio-kulturellen Geschlechterrollen (Vgl. Stockmeyer, S.20).

Des Weiteren greift Stockmeyer Dudens These auf, welche auf die kulturellen Prozesse als Grundlage dafür hinweist, die Geschlechtlichkeit an den Körper zu binden. Diese führen letztlich dazu, dass über Körperlichkeit zwischen Mann und Frau unterschieden wird.

Der Beginn der wissenschaftlichen Fixierung und der Verknüpfung vom weiblichen Aussehen mit Schönheitsnormen und Normalitätsbehauptungen ist nach Degele am Anfang des 20. Jahrhunderts zu verorten. Die Handlung des Verschönerns gilt für sie dabei als Mittel, um sich vom anderen Geschlecht zu differenzieren. Um diese Differenz zu schaffen, wird der Körper geformt und verändert. Schönheitshandeln wird dabei oft als reine Frauensache deklariert, jedoch betont Degele, dass dies nicht der Fall ist, da auch Männer Veränderungen an ihren Körpern vornehmen, nur eben andere. Dass jedoch Schönheitsideale und die damit verbundenen Erwartungen eher von Frauen angenommen und verinnerlicht werden, erklärt sie anhand Simmels These, Frauen verfügten über einen geringeren Status und müssten dies durch Schönheit kompensieren. Denn Frauen waren bis ins 20. Jahrhundert hinein darauf angewiesen, von einem Mann als Gemahlin auserkoren zu werden (Vgl. Posch; 1999, S.21). Simmel führt außerdem in „Zur Philosophie der Geschlechter" aus:

> „Daß das männliche Geschlecht nicht einfach dem weiblichen relativ überlegen ist, sondern zum Allgemein-Menschlichen wird, dass die Erscheinungen des einzelnen Männlichen und des einzelnen Weiblichen gleichmäßig normiert – dies wird, in mannigfachen Vermittlungen, von der Machtstellung der Männer getragen. Drückt man das geschichtliche Verhältnis der Geschlechter einmal kraß als das des Herrn und des Sklaven aus, so gehört es zu den Privilegien des Herrn, daß er nicht immer daran zu denken braucht, daß er Herr ist, während die Position des Sklaven dafür sorgt, daß er seine Position nie vergisst. Es ist gar nicht zu verkennen, daß die Frau außerordentlich

viel seltener ihr Frau-Sein aus dem Bewußtsein verliert als der Mann sein Mann-Sein"
(Simmel, S.65).

Dies kann so gedeutet werden, dass sich Frauen nicht nur viel öfter ins Bewusstsein rufen, Frau zu sein, sondern auch viel öfter damit befassen, schön zu sein. Ein Grund dafür könnte sein, dass Schönheit – bis heute – als inhärent weiblich gesehen wird. Demnach würde eine Frau als nicht weiblich betrachtet werden, wenn sie nicht auch schön ist. Allerdings wird der natürliche Frauenkörper gleichzeitig pathologisiert, als abnormal und korrekturbedürftig dargestellt (Vgl. Posch; 1999, S.79).

Posch weist darauf hin, dass Mädchen schon in den frühen Phasen der Sozialisation anders im Umgang mit ihrem Körper erzogen werden als Jungen, und sich dadurch schon früh für bestimmte Aspekte ihres Körpers interessieren, bzw. sich derer bewusst werden. Spätestens mit der Pubertät werden die Mädchen mit dem Schönheitsideal konfrontiert, schreibt Renate Luca in „Medien und weibliche Identitätsbildung". Dies geschieht, so Luca, durch Bilder in den Medien: Jugendzeitschriften, Film und Fernsehen bis hin zum Warenhauskatalog. Die Mädchen fühlen sich an diesen Bildern gemessen, was sich auch auf ihr Selbstbewusstsein und den Umgang mit dem eigenen Körper auswirken kann (Vgl. Luca, S.90).

Auch Posch hält die Pubertät für eine kritische Phase, in der Körpergefühl und Selbstwert stark miteinander korrelieren. Dabei ist aber das Körpergefühl – mehr als bei den Jungen – geprägt durch Unbehagen und Unsicherheit. Diese Unsicherheit bezieht die Autorin direkt auf die Konfrontation mit herrschenden Schönheitsidealen.

Posch beschreibt das Dilemma der weiblichen Jugend wie folgt:

> „Zur Frau werden heißt, das Körperbild darauf aufzubauen, wie man auf andere wirkt, sich also abhängig zu machen von den Blicken und Bewertungen anderer. Zur Frau werden heißt, zu lernen, dass Weiblichkeit Selbstinszenierung bedeutet" (Posch; 1999, S.91).

## 5.1 Was bedeutet eigentlich „Weiblichkeit"?

Wirft man einen Blick in die Werbung oder den Film, wird man feststellen, dass alle Frauen, die als ‚weiblich' dargestellt werden, auch den gängigen Schönheitsidealen entsprechen. Dazu gehört nicht nur eine bestimmte Figur, sondern im Regelfall auch langes Haar, volle Lippen, eine glatte Haut etc. Frauen, die diesen Idealen nicht entsprechen, werden deshalb oft als unweiblich oder nicht schön beschrieben und verlieren damit ihre ‚Weiblichkeit'.

Auf das zuvor behandelte Konzept von Leib und Körper bezogen, wird in der Werbung ein hochgradig körperzentriertes Bild vermittelt, welches nicht in Verbindung mit dem ‚fühlenden Leib' sondern vielmehr in Verbindung mit dem ‚sichtbaren Körper' steht. Im Fokus steht der Körper, dessen Inszenierung und die Schönheit die er darstellt. Die Schönheitsnorm oder das Schönheitsideal bezieht sich dabei immer weniger auf den angezogenen, sondern vielmehr auf den nackten Körper (Vgl. Posch; 2009, S.191).

In ihrem Buch „Weiblichkeit" beschreibt Susan Brownmiller wie Weiblichkeit entsteht und an welchen Aspekten diese gemessen werden kann/wird. Dabei beschreibt sie unter anderem die Haut.

## 5.2 Die Haut

> „Schöne Haut – süß duftend, lilienweiß, die rosigen Wangen, zart, taufrisch und makellos – , schöne Haut ist ein sentimentales Attribut jungfräulicher Unschuld und aristokratischer Zerbrechlichkeit; historisch fixiert durch diese bunte Mischung an Übertreibungen des anatomischen Unterschiedes, Beweise eines behüteten Lebens und der männlichen sexuellen Vorliebe für eine ernste, makellose junge Frau" (Brownmiller, S.131).

In diesem Zitat lassen sich vor allem zwei wichtige Attribute wiederfinden, die eine ‚schöne Frau' erfüllen sollte: jung und makellos. Beide Merkmale sind an der Haut abzulesen und zu erkennen. Dies kann man auch an den zahlreichen Werbungen im Fernsehen oder in Frauenzeitschriften erkennen:

> sie „[...] fordern immer das gleiche unerreichbare Ziel: Die Haut soll rein, frisch straff und jugendlich sein, so weich und glatt wie ein Baby [...]" (Brownmiller, S.131)

Daraus schließt Brownmiller, dass auf der weiblichen Haut keinerlei Spuren des Alltags zurück bleiben dürfen, weder aufgrund von harter Arbeit, noch Sorgen und Erschöpfung oder hormonelle Veränderungen. All das muss verborgen bleiben, denn sobald die Frau ihre jugendliche Ausstrahlung verliert, wird sie als weniger attraktiv und begehrenswert eingestuft (Vgl. Posch; 1999, S.51).

Die menschliche Haut geht jedoch von Natur aus mit Haaren einher, verstärkt mit Eintritt der Pubertät. Allerdings werden diese Haare – mit Ausnahme des Kopfhaares – als unerwünscht, sogar als verpönt gesehen. Ob Gesichtshaare,

Achselbehaarung oder die Haare an den Beinen, Frau muss diese entfernen um ihre Weiblichkeit zu erhalten.

Im Folgenden soll daher zunächst die Geschichte der weiblichen Körperbehaarung und deren Entfernung etwas genauer beleuchtet werden.

# 6 Die Norm der Körperenthaarung und ihre Entstehung

Der folgende Abschnitt wird sich hauptsächlich auf den Aufsatz „Caucasian Female Body Hair" von Christine Hope beziehen, welcher durch weitere Quellen ergänzt werden soll.

Christine Hope beschäftigt sich primär mit der amerikanischen Kultur und der Entwicklung der Haarentfernung, wo sie ihren Ursprung (in der Form in der wir sie heute kennen) zu haben scheint.

Die Entwicklung der Enthaarungspraxis und der damit verbunden Entwicklung zur Norm wird dabei vor allem anhand der Werbung in zwei der größten auf Frauen zugeschnittenden Magazinen dargestellt, Hope bezieht sich jedoch auch auf Schönheits- und Gesundheitsratgeber.

Vor dem ersten Weltkrieg ist die Enthaarung noch keine gängige Praxis. Die Frauen, die sich schon vor 1914 mit Haarentfernung auseinander setzen, sind laut Hope mit großer Wahrscheinlichkeit auf der Bühne tätig. Die Etablierung der Körperenthaarung als Norm sieht Hope im Zeitraum von 1914 bis 1945, welchen sie in mehrere Abschnitte aufteilt: „The Ivory Complexion" (bis 1915), „The Great Underarm Campaign" (1915-1919), „Coming to Terms with Leg Hair" (1920-1940) und „A Minor Assault on Leg Hair" (1941-1945).

In der ersten Phase bis 1915 sind in den Zeitungen zwar Anzeigen zu finden, die sich mit Enthaarung beschäftigen, jedoch beziehen diese sich nur auf Gesicht Arme und Nacken. Hinzu kommt, dass diese Anzeigen nur in geringer Anzahl und nicht sehr auffällig abgedruckt werden. Außerdem bewerben sie in erster Linie das eigentliche Produkt, und stützten sich nur auf die schon etablierten Vorstellungen, bei denen sich es vor allem um das Gesicht der Frau dreht. Es ist also zu erkennen, dass schon zu diesem Zeitpunkt eine Frau keine unschönen Haare haben soll (außer die auf dem Kopf). Das bedeutet, die Einstellung gegen weibliche Körperbehaarung und für die nackte, glatte Haut ist schon zu dieser Zeit in geringem Maß vorhanden. Allerdings, so erklärt Hope, ist in der Öffentlichkeit zu diesem Zeitpunkt nicht viel vom Körper zu sehen:

> „Although the undesirability of dark hair on women seems to be an established belief at this time, very little of the body was actually visible to the world given the fashions of the period, and therefore the removal of facial and body hair was probably of little direct concern to most American women during this period" (Hope, S.94).

In der zweiten Phase, welche nach Hope von 1915-1919 verortet werden kann, werden die Achselhaare in den Fokus gerückt. Mittels einer großen Kampagne soll nun den Achselhaaren abgedankt werden. Die Anzeigen dieser Zeit richten sich fast exklusiv auf Achselbehaarung, allerdings wird nicht mehr nur das Produkt zur Haarentfernung selbst beworben, sondern auch neue Verhaltensstandards. Die Werbeslogans sind eindeutig:

> „The Woman of Fashion Says the underarm must be as smooth as the face"

oder

> „The full charm of the Decollete costume is attained when the underarm is perfectly smooth" (Hope, S.94).

Hope macht für diesen Fokus auf die Achselbehaarung zwar auch die zu dieser Zeit erscheinenden Mode (durchsichtige Ärmel oder ärmellose Kleider), aber vor allem den Markt für Enthaarungsprodukte verantwortlich:

> „However, it is perhaps only too obvious that by publicy defining underarm hair as „superfluous," „unwanted," „ugly" and „unfashionable," the depilatory advertisers were greatly expanding their potential market: few women have continious growth of dark hair on their face and neck during adulthood, almost all have underam hair growth" (Hope, S.95).

Die dritte Phase beginnt nach einer Pause Anfang der zwanziger Jahre und erstreckt sich von 1920-1940. In dieser Phase konkurrieren verschiedene Produkte auf dem Markt. Die Anzeigen beziehen sich wieder mehr auf das Produkt an sich, als auf neue Verhaltensstandards. Zudem steht kein bestimmter Teil des Körpers im Fokus, es geht mehr um die Haarentfernung im Allgemeinen. Dort wo weiterhin bestimmte Verhaltensmuster beworben werden, werden nun auch die Beine in die Debatte mit aufgenommen. In dieser Phase ist außerdem ein Wandel hinsichtlich des Schönheitsideals, sowie die Sexualisierung von Frauenbeinen zu erkennen:

> „The ideal beauty at the beginning of the twentieth century had been an ivory-shoulderd, fair complexioned matron with a luxuriant head of hair whose legs might as well have been missing (as indeed they were from beauty and hygiene books of the time). By the middle of the century, attention had been drawn to lower parts of the anatomy and a tanned, hairless leg was a thing of beauty" (Hope, S.96).

Im Jahr 1930 erscheint das Enthaaren von verschiedenen Körperteilen bereits als Norm, so teilt ein Schönheitsratgeber mit:

> „[...] removal of hair from the underarms and legs [is] ‚as much a part of the routine of every woman as washing her hair or manicuring her nail' " (Hope, S.96).

In einem weiteren Artikel wird das Entfernen von Achsel- oder Beinbehaarung sogar als „social convention" (Hope, S.96) beschrieben.

Im Jahr 1940 erscheinen erstmals – bezahlbare – Nylon-Strümpfe auf dem freien Markt. Zuvor werden Strümpfe genutzt, um die unschöne Beinbehaarung zu verstecken. Nylon-Strümpfe hingegen machen dies nahezu unmöglich, wodurch die Enthaarungsnorm an Wichtigkeit gewinnt:

> „If they are modern enough to demand silk stockings, then they should certainly prepare their legs so that no thick ‚forest' of hair is visible through the sheer fabric" (Hope, S.97).

Die Strümpfe ermöglichen allerdings einen makellosen Look, da sie die Beine gleichmäßig getönt und seidig glänzend erscheinen lassen.

Die vierte Phase ist in den Kriegsjahren zu verorten (1941-1945). Der Zweite Weltkrieg erschwert es nicht nur passende Rasierer zu bekommen, sondern auch die Produktion der Nylon-Strümpfe wird eingestellt um kriegsrelevante Dinge wie Zelte und Fallschirme aus dem Material herzustellen. Daher geht der Trend hin zum nackten Bein, welches – um den Effekt der Nylon-Strümpfe nachzuahmen – mit Make-up präpariert wird. Nach Kriegsende wird die Strumpfproduktion wieder aufgenommen.

Ein wichtiges Merkmal dieser Zeit sind vor allem die kürzer werdenden Röcke und die damit einhergehende Sexualisierung der Beine der Frau.

> „The legs were emphasized in the photographs or drawings accompanying the ads and the headlines featured such phrases as ‚Man's eye view', and ‚Let's Look at Your Legs – Everyine Else Does'" (Hope, S.97).

Des Weiteren wird die Enthaarung der Beine von Frauen in Schönheitsratgebern unter dem Aspekt des guten Verhaltens diskutiert, wonach ordentliche junge Frauen glatte Beine haben müssen.

Im Jahr 1964 entfernen 98% der amerikanischen Frauen ihre Körperbehaarung (Vgl. Hope, S.97).

## 6.1 Gründe für die Entfernung der Körperbehaarung der Frau

Ein von den Illustrierten angegebener Grund für die Entfernung der Körperbehaarung der Frau ist die Hygiene. Körperhaare werden dabei ähnlich behandelt wie Ausscheidungsprodukte des Körpers – wie z.B. Schweiß oder Blut – welche mit negativen Gefühlen, wie Ekel, behaftet sind. Des Weiteren wird ein starkes Verlangen beschrieben diese Spuren des Körpers zu beseitigen.

> „Female body hair has been treated in much the same way as other body products: it is said to be „ugly" and „disfiguring," and even „morbid" ;it is to be removed in the privacy of one's own bathroom [...]" (Hope, S.97).

Hope betont, dass während derselben Zeit, in der die Haarentfernung als hygienisch notwendig angesehen wird, auch andere Verhaltensweisen im Bezug auf die Hygiene der Frau eingeführt werden:

> „ [...] during the same period other cleanliness behaviors were being introduced or reinforced through advertising. Women during this period were not only being told that their body hair was unfashionable, but also that their breath was bad, that they were probably turning away suitors because of body odor, that „feminine daintiness" demanded a certain type of sanitary napkin [...]. In short, one's goodness and value as a human being came to be identified with one's attention to rather stringent personal hygiene routines" (Hope, S.98).

Allerdings erklärt die Autorin die Entfernung der Haare aus hygienischen Gründen als unzulässig, da die Aufforderung zur Haarentfernung zu dieser Zeit nur das weibliche Geschlecht betrifft.

Eine weitere Begründung für die Entfernung der weiblichen Körperbehaarung sieht Hope in den verschwimmenden Differenzen zwischen den Geschlechtern. Da Frauen immer mehr den öffentlichen Raum für sich erschließen und die Kleidung, sowie die Frisuren der Frauen zunehmend androgyner werden, muss an anderer Stelle eine Differenz geschaffen werden. Da Mann und Frau als polare Gegensätze gesehen werden, muss die Frau deshalb dem Gegensatz des männlichen ‚behaarten' entsprechen. So wird die Haarlosigkeit zur weiblichen Eigenschaft deklariert.

Der Geschlechterunterschied wird also nicht mehr bloß am von anderen wahrnehmbaren Körper festgemacht, sondern über die Manipulation des weiblichen biologischen Leibes neu produziert.

Darüber hinaus beschreibt Hope einen Aspekt der die Geschlechterrollen auf verschiedene Art und Weise auf den Status des Erwachsenseins bezieht. Sie spricht von einer Tendenz, Männern eher als Frauen den Status eines Erwachsenen zuzuschreiben:

> „[...] the tendency to think of adults as male and to lump women with nonadults. [Which] is reflectet in the American legal tradition, for example" (Hope, S.98).

Auch in Bezug auf die Körperbehaarung sind solche Tendenzen zu erkennen, da das Vorbild für den haarlosen Frauenkörper der Körper des Kindes ist:

> „The practice of female body hair removal might also be seen as a way in which the culture encourages women to deny their full adulthood. After all, the lack of dark hair on places other than the scalp is naturally characteristic of children, not adult women. [...] Thus, „feminine," when applied to the absence of body hair, doesn't really mean „womanly," it means „childlike" and „masculine" means „adult-like"" (Hope, S.99).

## 6.2 Von Amerika nach Europa

Wie genau der Trend der Haarentfernung nach Europa bzw. nach Deutschland kommt ist nicht genau erfassbar. Eine Möglichkeit ist aber die, dass die Haarentfernung durch amerikanische Soldaten und deren Frauen zunächst einzeln verbreitet wird und so Nachahmerinnen findet.

Erst in den 1960er und 1970er Jahren kommt der Enthaarungstrend im großen Stil nach Europa (Vgl. Posch; 2009, S.124), was höchstwahrscheinlich durch die Einführung des Fernsehens als Werbemedium für die breite Masse ermöglicht wird.

# 7 Das Haar als Symbol

## 7.1 Das Haar und seine symbolische Bedeutung bei Anthony Synnott

In seinem Werk „The Body Social" beschäftigt sich Anthony Synnott unter anderem mit der Bedeutung von Haaren. Dabei geht er nicht nur auf das Kopfhaar, sondern auch auf Gesichts- und Körperbehaarung ein. Synnott spricht dem menschlichen Haar eine große Bedeutung im Bezug auf die Identität zu, nicht nur auf der persönlichen Ebene, sondern auch im sozialen Raum:

> „Hair is one of our most powerful symbols of individual and group identity – powerful first because it is physical and therefore extremely personal, and second because although personal it is also public, rather than private" (Synnott, S.103).

Seine Theorie über die symbolische Bedeutung der Haare bezeichnet er als Theorie der Gegensätze, welche in drei Propositionen unterteilt wird:

1. „Opposite sexes have opposite hair.
2. Head hair and body hair are opposite.
3. Opposite ideologies have opposite hair" (Synnot, S.104).

Die ersten beiden Propositionen beschreiben das Verhältnis zwischen Haaren und Geschlecht, welches nach Synnott ein gegenteiliges ist. So halten Männer ihr Kopfhaar eher kurz, haben dafür mehr Körperbehaarung, Frauen dagegen haben mehr Kopfhaar und vermindern ihre Körperbehaarung.

Die dritte Proposition beinhaltet das politische Moment von Haaren. Hier unterscheidet Synnott beispielsweise zwischen Hippies und Skinheads, aber auch zwischen Subjekten des gleichen Geschlechts.

Synnott stellt weiterhin fest, dass obwohl der menschliche Körper überall behaart ist, nur drei Zonen für die Symbolik von Bedeutung sind: Kopf, Gesicht und Körper, wozu Brusthaare, Achselhaare, Beinhaare und Schamhaare gezählt werden.

Einen weiteren wichtigen Aspekt für die Symbolik der Haare sieht Synnott in seiner Wandelbarkeit. Haare können gekürzt oder ganz entfernt werden, sie können aber auch gefärbt, verlängert oder sogar in ihrer Struktur verändert werden.

Auch Synnott erkennt die Handhabung der Körperbehaarung als Mittel zum Zweck der Maximierung der Differenz zwischen den Geschlechtern. Ein Argument, welches von den vorherig behandelten Autoren nicht explizit genannt wird, beinhalten den Zeit- und Kostenaufwand, welchen Frauen im Gegensatz zu Männern betreiben:

> „There is a certain irony, as well as a contrast for both sexes. Women may go to a great deal of time and expense to cultivate their head hair, with visits to hairdressers for shampoo, rinses, sets, perms, styling, layering, tinting, cutting and so on. And they go to almost as much time and expense to remove their unwanted body hair by waxing, shaving, plucking, bleaching, electrolysis or depilatories" (Synnott, S.113).

Zusätzlich sieht Synnott die Körperbehaarung nicht nur als Symbol der Differenzierung zwischen den Geschlechtern, sondern auch innerhalb einer Geschlechtergruppe. So symbolisieren in etwa behaarte Beine und Achseln bei Frauen Feminismus oder einen Widerspruch zu den traditionellen Rollenbildern und den damit verbundenen Erwartungen. Körperbehaarung kann allerdings auch weitere symbolische Bedeutungen haben, wie zum Beispiel Religiosität oder sexuelle Orientierung. So kann nach Synnott die Körperbehaarung das Geschlecht, eine Ideologie (wie in etwa politische Einstellungen) oder allgemeiner: Teile der personellen Identität symbolisieren.

Ein weiterer von anderen Autoren außer Acht gelassener Aspekt ist die Bedeutung des Haares an sich.[6] Wie schon am Anfang des Kapitels erwähnt, schreibt Synnott den Haaren eine große symbolische Bedeutung zu.

> „Hair not only symbolizes the self but, in a very real sense, it is the self since it grows from and is part of the physical human body; furthermore, it is ‚immortal' since it survives death. It is this personal and biological origin of hair which gives it such a richness and power" (Synnott, S.122).

Diese Beschreibung Synnotts deckt sich mit den zuvor erwähnten Annahmen, denn auch dort steht der Besitz von Körperhaaren in Zusammenhang mit einer Art Macht im Sinne von gesellschaftlichem Status, und das Fehlen dergleichen mit der Absprache dieser Macht bzw. dem Status. (siehe dazu Brownmiller).

Synnott geht sogar so weit, dass er behauptet:

> „Indeed the major divisions in our society are symbolized in hair – gender, occuppation, age, faith, ethnicity, socioeconomic staus and political orientation – as well as

---

[6]  Es wird lediglich auf die Folgen der Bedeutung eingegangen, aber die Bedeutung des Haares an sich wird nicht genauer betrachtet.

more individual identities – moods, and personal tastes, or simply fun [...]" (Synnott, S.127).

## 7.2 Die Bedeutung des Haares und dessen Entfernung in der heutigen Zeit

Auch in der heutigen Zeit hat das menschliche Haar eine symbolische Bedeutung. Insbesondere das Wachstum der Schamhaare und das gleichzeitige Dichterwerden der Körperbehaarung während der Pubertät symbolisieren die sexuelle Reife.

Allerdings ist nicht ausschließlich das Haar selbst ein Symbol, sondern vielmehr das Vorhandensein oder die Absenz desselben. So ist das Haar, welches vorhanden – also an der Hautoberfläche sichtbar – ist, ein Symbol für Männlichkeit, die Absenz der Haare hingegen symbolisiert Weiblichkeit.

Die symbolische Bedeutung der Körperbehaarung kann jedoch noch weiter gefasst werden: So symbolisiert das sichtbare Haar auf der Haut der Frau nicht nur Unweiblichkeit, sondern auch eine Art Bedrohung.

> „Als bedrohlich wird nämlich vor allem wahrgenommen, wenn Frauen und Männer äußerlich nicht mehr zu unterscheiden seien" (Degele, S.139).

Denn was in etwa ein Bein in der heutigen Zeit zu einem ‚weiblichen Bein' macht, ist die fehlende Beinbehaarung.

Die Beine der Frau sind dabei vom Schambereich abzugrenzen, da sie nicht nur in intimen Partnerschaften sichtbar sind, sondern auch – vor allem im Sommer – für die Öffentlichkeit.

Einen weiteren symbolischen Wert bekommt die Absenz von Körperbehaarung aufgrund der Angst vor dem Altern. Diese Angst ist vor allem bei Frauen anzutreffen, da sie mit dem Schwinden ihrer Jugendlichkeit auch als weniger attraktiv eingestuft werden. Die Abwesenheit von Körperbehaarung symbolisiert somit Jugendlichkeit.

Der zuvor schon genannte Halo-Effekt kann ebenfalls in umgekehrter Form, sozusagen als negativer Halo-Effekt, zum Symbol von Körperbehaarung werden: Nicht nur schönen Menschen werden Eigenschaften aufgrund ihrer Schönheit zugesprochen, sondern auch den, nach dem gängigen Schönheitsideal, nicht-schönen. So wird in etwa das nicht Entfernen der Körperbehaarung bei Frauen mit negativen Eigenschaften in Verbindung gebracht, wie in etwa Ungepflegtheit oder sogar

Faulheit. Im beruflichen Bereich kann die fehlende Rasur darüber hinaus als unprofessionell angesehen werden.

> „Mangelnde Schönheit wird zum persönlichen oder charakterlichen Versagen [...]" (Posch; 2009, S.78).

Dabei hat die Kontrolle über den Körper eine Schlüsselfunktion, denn wirkt der Körper nach außen gebändigt und kontrolliert – also den Schönheitsnormen entsprechend – vermittelt dies auch den Anschein von sozialer Kontrolle (Vgl. Stockmeyer, S.14). Somit kann der Trugschluss entstehen, dass eine Frau, welche sich die Beine enthaart, nicht nur ihren Haarwuchs unter Kontrolle hat, sondern auch ihr Leben – in etwa in Form von Ordentlichkeit etc.

Wie hier gezeigt wurde, kann aufgrund der Behaarung eine große Anzahl von Zuschreibungen getätigt werden. Haare sind also nicht einfach nur Haare.

Auch heute noch ist das Hauptargument für die Enthaarungspraxis am weiblichen Körper die Aufrechterhaltung des sichtbaren Geschlechterunterschiedes. Frauen mit behaarten Beinen gelten noch immer als unweiblich, ungepflegt und in Folge dessen als unattraktiv. Jedoch ist aus dem einstmaligen ‚Trend‘ der Haarentfernung ein Naturzustand geworden. Man könnte fast denken, weibliche Beinbehaarung existiere überhaupt nicht. Eines der besten Beispiele dafür sind die gängigen Werbungen für die Enthaarung des weiblichen Körpers. Im Folgenden soll daher ein solcher Werbespot schemenhaft beschrieben werden.

Schaltet man den Fernseher ein, ist es nahezu unmöglich den Werbespots von Venus zu entgehen. Seit 2001 wirbt Gilette mit dem speziellen Rasierer für Frauen namens ‚Venus‘. Passend zum Namen des Rasierers ist die Werbung seither mit der Strophe „I'm your Venus, I'm your fire, at your desire" (Shocking Blue – Venus, 1969) unterlegt. Ebenso nahezu unverändert bleibt der Werbeslogan der Marke „Entdecke die Göttin in dir". Die Frauen in der Werbung –alle schlank und nach der gängigen Definition schön– rasieren sich ihre Beine. Dies findet meist in einer entspannten, fast schon spielerischen Atmosphäre statt: im Bikini am Strand oder zu Hause in der Badewanne. Allerdings ist in keiner dieser Werbespots auch nur ein einziges Härchen an den Beinen der Frauen zu entdecken. Die schon glatten Beine werden rasiert. Daraus lässt sich schließen, dass glatte Frauenbeine in der heutigen Zeit völlig naturalisiert sind und das Beinhaar so negativ (als Makel) besetzt ist, dass es nicht gezeigt werden darf, nicht mal in der Werbung die es thematisiert.

Ein weiterer Slogan der Werbung lautet: „für makellose Schönheit". Dieser Spruch impliziert – wie auch schon von Posch dargestellt – das Beinhaar der Frau als Makel und Mäkel müssen beseitigt werden.

Ebenso wie die Werbesprüche der Marke ist auch der Name selbst ein Hinweis auf die Darstellung der Frau in der heutigen Zeit, welche schon anhand von Posch und Degele geschildert wurde: Venus ist die Göttin der Schönheit. Sie ist durch Fruchtbarkeit, Sinnlichkeit, Begehren und Ästhetik ausgezeichnet. Laut der Werbung erwecken die Frauen durch die Rasur ihrer Beine die Göttin – sprich Venus – in sich. Das bedeutet, sie wirken dadurch sinnlich, schön, fruchtbar, begehrenswert und ästhetisch. All diese Eigenschaften passen zu den zuvor erarbeiteten gesellschaftlichen Erwartungen an eine ‚weibliche' Frau. Darüber hinaus decken sich diese vermeintlich durch die Rasur erreichbaren Eigenschaften auch mit den Ängsten der Frau, ihre Weiblichkeit zu verlieren. Denn wie schon mit Brownmiller gezeigt wurde, sind Attribute wie eine jugendliche Ausstrahlung und ein begehrenswertes Äußeres grundlegende Eigenschaften dafür, als weiblich bzw. feminin wahrgenommen zu werden.

Man könnte fast sagen, alle normativen Erwartungen an das Aussehen einer Frau und ihre Weiblichkeit finden sich in diesen Werbespots wieder. Dabei wirken die Botschaften jedoch latent und unterschwellig, wodurch sie sehr subtil auf den Zuschauer wirken.

# 8 Herstellen von Weiblichkeit

Wie im Laufe dieser Arbeit gezeigt wurde, wird Weiblichkeit nicht mit Frausein gleichgesetzt, sondern ist vielmehr ein Herstellungsprozess. Brownmiller bezeichnet Weiblichkeit sogar als Disziplinierung, was darauf hinweist, dass Frauen erst gemaßregelt werden müssen, um als weiblich gesehen zu werden. In die Kategorie des Maßregelns fällt auch die Beinenthaarung, durch welche ein Stück Weiblichkeit hergestellt wird.

Für junge Mädchen ist die Beinenthaarung ein aufregender, neuer Schritt in Richtung des Erwachsenwerdens. Denn wie sie von ihren Müttern, den Frauen in der Werbung und eventuell gleichaltrigen vorgelebt bekommen, gehören haarige Beine nicht an einen weiblichen Körper.

Paradoxerweise dient die Beinenthaarung im Erwachsenenalter genau dem Gegenteil: Jung wirken. Dabei wird der Akt der Entfernung allerdings nicht mehr als aufregend wahrgenommen, sondern wird mehr und mehr zur Pflicht. Zur weiblichen Pflicht. Und dort, wo ein Pflichtgefühl ist, ist auch die Angst diese nicht zu erfüllen, bzw. Angst vor den Folgen des nicht Erfüllens der Pflicht. Denn sichtbare Haare an Frauenbeinen sind ein Zeichen der Vernachlässigung und Ungepflegtheit und können daher das Gefühl der Scham auslösen.

Nach Norbert Elias ist Scham das beherrschende Gefühl der Moderne. Elias zufolge sind zivilisierte Kulturen durch die Anhebung von Scham- und Peinlichkeitsgrenzen gekennzeichnet. Scham entsteht demnach dort, wo die Haltungen von überlegenen Individuen, deren Anerkennung man gewinnen möchte, mit dem eigenen Über-Ich übereinstimmen (Vgl. Posch; 2009, S.167). Dazu Elias:

> „[...] der Konflikt, der sich in Scham-Angst äußert, ist nicht nur ein Konflikt des Individuums mit der herrschenden, gesellschaftlichen Meinung, sondern ein Konflikt, in den sein Verhalten das Individuum mit dem Teil seines Selbst gebracht hat, der diese gesellschaftliche Meinung repräsentiert; es ist ein Konflikt seines eigenen Seelenhaushalts; er selbst erkennt sich als unterlegen an. Er fürchtet den Verlust der Liebe oder Achtung von Anderen, an deren Liebe und Achtung ihm liegt oder gelegen war. Deren Haltung hat sich in ihm zu einer Haltung verfestigt, die er automatisch sich selbst gegenüber einnimmt" (Elias, S.398)

Fremdzwänge werden somit in Selbstzwänge umgewandelt.

# 9 Was die Haarentfernung bewirkt

## 9.1 Gesellschaftlicher Status

Zu Beginn der hier aufgezeigten Geschichte der Haarentfernung sind Frauen stark durch Abhängigkeit vom Mann gekennzeichnet. Frauen sind – aufgrund ihres gesellschaftlich geringeren Status – darauf angewiesen, von einem Mann ausgewählt und zur Ehefrau gemacht zu werden. Vor allem finanziell sind sie von ihren Ehemännern abhängig (Vgl. Posch; 1999, S.21). In der heutigen Zeit sind Frauen allerdings nicht mehr abhängig von einem Versorger. Sie sind zu Managerinnen ihres eigenen Lebens geworden, haben Jobs und bewegen sich frei im öffentlichen Raum. Durch diese Entwicklung verschwindet die Abhängigkeit der Frauen mehr und mehr. Allerdings werden Frauen oftmals als attraktiv wahrgenommen (vom anderen Geschlecht), wenn sie eine gewisse Abhängigkeit bzw. Verletzlichkeit und Hilflosigkeit ausstrahlen, da diese Eigenschaften noch immer weiblich konnotiert sind.

Brownmiller sieht in der Haarlosigkeit der Frauen eine Herabsetzung des erwachsenen Status, denn Vorbild für den haarlosen Frauenkörper ist ihrer Meinung nach der haarlose Körper eines Kindes. Verbindet man diese beiden Aspekte miteinander, kann man darauf schließen, dass die Haarlosigkeitsnorm für Frauen nicht zufällig in der Zeit entsteht, in der Frauen den öffentlichen Raum für sich erschließen. Eine These könnte wie folgt lauten: Durch die abschwächende Abhängigkeit der Frauen vom Mann – und des damit verbundenen Verschwindens der ‚Hilflosigkeit‘ der Frau – wird eine Art Abhängigkeit bzw. Verletzlichkeit oder Hilflosigkeit durch das Entfernen der Beinbehaarung und einer kindlichen (haarlosen) Erscheinung inszeniert. Diese Inszenierung geschieht allerdings nicht bewusst, da die Haarlosigkeit in der Gesellschaft nicht als kindlich empfunden wird, sondern in erster Linie als weiblich und attraktiv. Die Entfernung der Behaarung erzeugt so die Idee von Schutzlosigkeit, welche mit der Vorstellung des ausgeliefert sein einhergeht. Die kindliche Abhängigkeit von einem Beschützer wird damit sinnbildlich auf die Frau übertragen, womit sie beim männlichen Geschlecht an Attraktivität gewinnt.

Ein weiterer Faktor, welcher für diese These spricht, ist die Verwendung der Redewendung „glatt wie ein Babypopo", mit der in zahlreichen Artikeln und Werbungen der Sollzustand der weiblichen Haut – insbesondere der Beine – beschrieben wird. Auch hier findet eine metaphorische Übertragung des kleinen Kindes auf die erwachsene Frau statt.

Aus dieser These kann man dann darauf schließen, dass Frauen durch die Entfernung der Beinbehaarung an gesellschaftlichem Status verlieren, und ihnen damit auch (erwachsene) Eigenschaften – wie in etwa große Verantwortung zu tragen – abgesprochen werden können.

## 9.2 Selbstkritik

Wie bereits durch Simmel gezeigt wurde, beschäftigen sich Frauen viel intensiver mit ihrem Frau-Sein, als Männer mit ihrem Mann-Sein. Dazu gehört unter anderem ihr Aussehen. Da Schönheit in unserer Gesellschaft großgeschrieben wird, stehen Frauen unter dem ständigen Druck einem Ideal zu entsprechen. Um diesem Ideal so nah wie möglich zu kommen, bearbeiten Frauen fast täglich ihren Körper, um – die von der Gesellschaft als solche bezeichneten – Mäkel zu entfernen. Dazu gehört auch die Enthaarung der Beine.

Da die Behaarung allerdings nie lange fort bleibt, sind Frauen gezwungen, sich ständig mit ihrem Körper auseinander zu setzten. Es ist zwar in einem gewissen Maß gesund, den eigenen Körper zu kennen und sich mit ihm zu befassen, allerdings kann die ständige Auseinandersetzung mit ihm auch dazu führen, immer mehr und neue Mäkel zu entdecken und diesen zu viel Aufmerksamkeit zu schenken. Dies kann unter Umständen in Selbstkritik umschlagen und dem Wohlbefinden schaden, welches für eine stabile Identität wichtig ist.

# 10 Schluss

## 10.1 Zusammenfassung

Wie gezeigt wurde ist die Bildung einer Identität, sowie deren Erhalt abhängig von der Wahrnehmung, Einschätzung und Anerkennung von anderen Menschen – oder wie Mead es nennt dem generalisierten Anderen – abhängig. Somit kann Identität, als von sozialen Prozessen abhängiges, gesellschaftliches Phänomen bezeichnet werden. Dabei nimmt der Körper eine identitätsstiftende Rolle ein, da man ihn in der Wirklichkeit nicht verschwinden lassen kann und er daher für andere sichtbar ist. So bietet der Körper eine Oberfläche für soziale Zuschreibungen. Diese wirken dann nach innen zur Identität und nach außen zur sozialen Positionierung. Des Weiteren kann er instrumentell bzw. expressiv genutzt werden um Handlungsziele zu erreichen.

Aufgrund moderner Techniken des Schönheitshandelns gilt der Körper allerdings nicht mehr als unveränderbares Schicksal, sondern kann verändert, geformt und verschönert werden. So wird er zum Ausdrucksmittel persönlichen Geschmacks, sozialer Positionierungen und damit auch der Identität. Da der Körper aber durch seine Sichtbarkeit auch zur Zielscheibe von Kritik wird, ist es in der heutigen Gesellschaft unumgänglich sich an den herrschenden Schönheitsidealen zu orientieren. Diese Schönheitsideale entspringen der einheitlichen Bewertung des Körpers durch die breite Masse. Was dabei als ‚schön‘ gilt und was nicht, wird vor allem durch die Darstellung des Körpers in den Medien beeinflusst.

Vor allem die Bewertung des weiblichen Körpers ist durch die Medien geprägt. So hat die Überrepräsentation von idealen Frauenkörpern eine Naturalisierung zur Folge, die sich auf die alltägliche Wahrnehmung auswirkt. Die durch die Medien transportierten Inhalte, wie in etwa Schönheitsideale, werden so verinnerlicht. Dabei wird der sichtbare Körper – im Gegensatz zum fühlenden Leib – immer wichtiger.

Neben Figur und Gesichtszügen ist eines der wichtigsten Attribute für weibliche Schönheit die makellose, glatte Haut. Daher werden Frauen – neben der Verwendung von Faltencremes und anderen Schönheitstechniken – dazu angehalten ihre Körperbehaarung zu entfernen, da diese als männlich bzw. als unweiblich angesehen und wie ein Makel behandelt wird. Die Enthaarungsnorm gilt dabei besonders für die Beine der Frau. Neben der Entfernung des Makels bringt die Entfernung der

Beinhaare auch eine jugendlichere Erscheinung mit sich, welche ausschlaggebend für die – von anderen wahrgenommene – Attraktivität der Frau ist.

Begründet wird die Entfernung der weiblichen Körperbehaarung bis heute mit der verschwimmenden Differenz zwischen den Geschlechtern. Durch das immer androgyner werdende Aussehen der Menschen, wird das Geschlecht nicht mehr am bloßen wahrnehmbaren Körper festgemacht, sondern über die Manipulation des weiblichen Körpers neu hergestellt. So muss die Frau dem (behaarten) Mann als polarer Gegensatz gegenüber stehen: haarlos. Ein Frauenbein ist folglich nur durch die fehlende Behaarung von dem eines Mannes zu unterscheiden.

Allerdings dient die Norm der Enthaarung nicht nur der Abgrenzung zwischen den Geschlechtern, sondern auch innerhalb einer Geschlechtergruppe. So differenzieren sich in etwa Frauen durch die Enthaarung von anderen Frauen oder umgekehrt, um eine soziale Positionierung auszustrahlen bzw. einzunehmen. Körperhaare symbolisieren so nicht nur den Geschlechterunterschied, sondern auch Ideologien, sexuelle Orientierungen oder Religiosität und damit auch Teile der personellen Identität.

Dennoch stellt das Haar am weiblichen Körper vor allem einen Makel dar. Wie stark die Abneigung gegen den behaarten weiblichen Körper ist, wird an den gängigen Werbungen für die Beinenthaarung sichtbar; denn nicht mal in den extra dafür entworfenen Werbespots wird das Haar gezeigt.

Da der haarlose Frauenkörper zudem dem haarlosen Körper eines Kindes gleicht, vertritt die Autorin Brownmiller den Standpunkt, Frauen würde der Status einer erwachsenen Person, aufgrund ihres Erscheinungsbildes abgesprochen werden, da durch die Haarentfernung eine kindliche Hilflosigkeit und Verletzlichkeit inszeniert wird.

## 10.2 Fazit

Es kann also – um auf die Ausgangsfragen dieser Arbeit zurück zu kommen – gesagt werden, dass eine über den Körper hergestellte Identität existiert. Dies wird in der heutigen Zeit besonders durch die immer kürzer und oberflächlicher werdenden Begegnungen begünstigt. Identitätsmedium wird der Körper dabei vor allem durch die Zuschreibungen, die aufgrund der Erscheinung getätigt werden. So wird einer Person aufgrund ihres Aussehens ein Charakter, Fähigkeiten oder eine soziale Positionierung zugeordnet, ohne dass diese mit der Realität übereinstimmen müssen.

Auch die Beinbehaarung und deren Entfernung bzw. nicht-Entfernung trägt somit zur Identität bei. Frauen mit behaarten Beinen werden so oftmals als unweiblich, ungepflegt, unprofessionell oder feministisch wahrgenommen. Diese Bewertungen und Zuschreibungen schlagen sich auf das individuelle Selbstbild nieder. Dadurch muss sich das Individuum immer wieder neu ausrichten, um eine Balance zwischen gesellschaftlichen Erwartungen und subjektiven Vorstellungen vom Selbst herzustellen und damit eine stabile Identität zu erhalten.

Allerdings werden umgekehrt Frauen, welche ihre Beinbehaarung entfernen, von der Allgemeinheit als normal empfunden. Grund dafür ist die hohe Präsenz von glatten Beinen in den Medien, aber auch im eigenen Umfeld, wodurch eine Normalitätsvorstellung geschaffen wird.

Auch die herrschenden Schönheitsideale spielen bei der Identitätsentwicklung eine zentrale Rolle. Sie bieten einerseits eine Art Vorlage, die scheinbar emotional und ökonomisch erfolgreiche Wege aufzeigt und daher wie eine (vermeintliche) Anleitung zum Glück wirken kann, andererseits wird über Schönheitsideale ein gesellschaftlicher Zwang erzeugt, diesen entsprechen zu müssen.

Durch die Beinenthaarung wird also nicht nur die für die Identität relevante Weiblichkeit hergestellt, sondern auch Selbstbewusstsein und Wohlbefinden durch die Reaktionen anderer. Dieses Wohlbefinden kommt dann als Authentizität zum Ausdruck, welche fundamental für eine gelungene Identität ist. Umgekehrt wird die Identität auch durch das nicht-Entfernen der Beinbehaarung geformt, da damit (meist negative) Zuschreibungen einhergehen, auf die das Individuum mit Scham und Unwohlsein reagieren kann.

Letztlich ermöglicht die Formbarkeit des Körpers eine am Selbstbild orientierte Inszenierung, durch die Persönlichkeit oder soziale Positionierungen ihren Ausdruck finden. Die Schönheitshandlung bildet so die Brücke zwischen dem individuellen Selbstbild und den äußeren Zwängen bzw. Erwartungen der Gesellschaft.

Identität ist daher, genau wie Weiblichkeit, eine (körperliche) Inszenierung.

## 10.3 Ausblick

Wie in dieser Arbeit gezeigt wurde, spielt die körperliche Inszenierung eine wichtige Rolle für die weibliche Identität. Allerdings lassen einige aktuelle Ereignisse darauf spekulieren, dass sich der Trend der Beinenthaarung bei Frauen langsam zurückbilden könnte. Ein aktuelles Beispiel dafür ist die Herbst-/Winter-Werbekampagne der Firma Adidas für das Sneaker-Modell ‚Superstar‘. Zu sehen ist das schwedische Model Arvida Byström. Sie trägt ein weißes Kleid mit Rüschen, ein rosa T-Shirt und rosa Socken zu den Sneakern. Ihre Beine sind aber – entgegen der Erwartung – nicht rasiert, sondern behaart.

Die Tatsache, dass eine solche Werbekampagne überhaupt existiert, lässt auf ein Abflauen der Enthaarungsnorm hoffen. Dennoch kann anhand der Reaktionen auf die Werbung geschlossen werden, dass es noch ein langer Weg bis hin zur Normfreiheit in Bezug auf die weibliche Körperbehaarung ist: Das Model Arvida Byström erhielt nicht nur Kritik für ihr behaartes Auftreten, sondern sogar Vergewaltigungsdrohungen (Vgl. O'Toole; siehe Literaturverzeichnis).

Nichtsdestotrotz rückt auch der männliche Körper mehr und mehr in den Mittelpunkt der Betrachtung. So ist es mittlerweile keine Seltenheit mehr, Geschäfte ausschließlich für die Pflege des männlichen Körpers vorzufinden. Besonders wichtig erscheint dabei der Bart, für den zahlreiche Pflegeprodukte existieren; sogar Salons, welche sich ausschließlich auf die Pflege des Bartes spezialisiert haben. Zudem ist auch ein Anstieg an Männern zu beobachten, welche ihre Körperhaare entfernen oder zumindest trimmen. Besonders im Bodybuilding scheint der Trend zum haarlosen Männerkörper bereits etabliert zu sein.

Daher wäre ein nächster Schritt an dieser Stelle, den männlichen Körper im Zusammenhang mit der männlichen Identitätsentwicklung genauer zu betrachten, da zu vermuten ist, dass auch hier der Trend hin zum Makellosen geht.

## Literaturverzeichnis


Anzieu, D. (1991). *Das Hau-Ich* (1. Auflage Ausg.). (M. Korte, & M. H. Lebourdais-Weiss, Übers.) Frankfurt am Main: Suhrkamp Verlag.

Brownmiller, S. (1984). *Weiblichkeit* (Deutsche Erstausgabe Ausg.). Frankfurt am Main: S. Fischer Verlag.

Dalby, A. (2005). *Venus; A Biography.* London: The British Museum Press.

Degele, N. (2004). *Sich schön machen; Zur Soziologie von Geschlecht und Schönheitshandeln* (1. Auflage Ausg.). Wiesbaden: VS Verlag für Sozialwissenschaften/GWV Fachverlage GmbH.

Elias, N. (1977). *Über den Prozeß der Zivilisation* (3. Auflage Ausg., Bd. 2). Baden-Baden: Suhrkamp Taschenbuch Verlag.

Gugutzer, R. (2002). *Leib Körper und Identität; Eine phänomenologisch-soziologische Untersuchung zur personalen Identität* (1. Auflage Ausg.). Wiesbaden: Westdeutscher Verlag GmbH.

Hope, C. (1982). Caucasian Female Body Hair and American Culture. In *Journal of American Culture - Vol. 5 Nr. 1* (S. 93-99). Bowling Green, Ohio: Bowling Green State University.

*Identität und Body-Image; Die soziale Konstruktion des Köpers.* (2001). Tübingen: Eberhard Karls-Universität .

Kant, I. (1996). *Kritik der Urteilskraft* (2. Auflage Ausg.). Frankfurt am Main: v.w. Weischedel.

Küchler, P. (1997). *Zur Konstruktion von Weiblichkeit.* Pfaffenweiler: Centaurus-Verlagsgesellschaft.

Luca, R. (1998). *Medien und weibliche Identität; Körper, Sexualität und Begehren in Selbst- und Fremdbildern junger Frauen.* Frankfurt am Main: Campus Verlag Gmbh.

Mauss, M. (2010). *Soziologie & Anthropologie; Gabentausch, Todesvorstellung, Körpertechniken.* Wiesbaden: VS Verlag für Sozialwissenschaften.

Mead, G. H. (1982). *The Individual and the Social Self.* Chicago: The University of Chicago Press.

Nungesser, F. (November 2013). *Potentiale einer pragmatistischen Sozialtheorie; Beiträge anlässlich des 150. Geburtstags von George Herbert Mead.* (F. Ofner, Hrsg.) Wiesbaden: Springer VS.

O'Toole, E. (10. Oktober 2017). Hairy legs in a fashion advert are good news for feminists ... aren't they? *The Guardian.*

Platta, H. (1998). *Identitäts-Ideen; Zur gesellschaftlichen Vernichtung unseres Selbstbewußtseins.* Gießen: Psychosozial-Verlag.

Plessner, H. (2003). *Die Stufen des Organischen und der Mensch.* Frankfurt am Main: Suhrkamp Verlag.

Posch, W. (1999). *Körper machen Leute; Der Kult um die Schönheit.* Franfurt am Main; New York: Campus Verlag.

Posch, W. (2009). *Projekt Körper; Wie der Kult um die Schönheit unser Leben prägt.* Frankfurt am Main: Campus Verlag GmbH.

Rohr, E. (Hrsg.). (2004). *Körper und Identität.* Königsstein/Taunus: Ulrike Helmer Verlag.

Schmidt, G. (2001). *Identität und Body-Image; Die sozioale Konstruktion des Körpers, Dis.* Tübingen: Fakultät für Sozial- und Verhaltenswissemschaften der Eberhard-Karls-Universität Tübingen.

Simmel, G. (1983, 1986). *Philosophische Kultur; Über das Abenteuer; die Geschlechter und die Krise der Moderne.* Berlin: Verlag Klaus Wagenbach.

Simmel, G. (1985). *Schriften zur Philosophie und Soziologie der Geschlechter* (Erstausgabe Ausg.). (H.-J. Dahme, & K. C. Köhnke, Hrsg.) Frankfurt am Main: Suhrkamp Verlag.

Stockmeyer, A.-C. (2004). *Identität und Körper in der (post)modernen Gesellschaft.* Marburg: Tectum Verlag.

Synnott, A. (1993 ). *The Body Social.* London: Routledge.

Vollmer-Schubert, B. (1991). *Weibliche Identität und gesellschaftliche Anforderungen.* Gießen: Focus Verlag GmbH.